Círculo Rojo

Andamios de Bambú

ANDAMIOS DE BAMBÚ

María Elena Amoedo Lucas

Círculo Rojo
EDITORIAL

Primera edición: septiembre 2025

Depósito legal: SE 1658-2025

ISBN: 979-13-7023-401-0
Impresión y encuadernación: Editorial Círculo Rojo

© Del texto: María Elena Amoedo Lucas
© Maquetación y diseño: Equipo de Editorial Círculo Rojo

Editorial Círculo Rojo

www.editorialcirculorojo.com

info@editorialcirculorojo.com

Impreso en España - Printed in Spain

Dedicado a mi hija Rocío.

Construir el presente con andamios.
Conservar el pasado con recuerdos.
Mejorar el futuro con los sueños.
Y todo fue cierto
desde que
por primera vez, te vi.

ÍNDICE

ABRÁZAME

Abrázame.
No quiero seguir asomada
al balcón de los años
que pasé sin ti,
ni tampoco tapar
las estrellas de mi corazón
con el manto oscuro de la noche.

> Quisiera
> un millón de instantes
> colgados
> en andamios de bambú
> balanceando el ahora
> libre, firme.
> Y si acaso,
> el vértigo
> de un «para siempre»
> solo nuestro.

MARIPOSA

Vuelo en tus alas potentes
mariposa tibia
arco seguro de mi presente.
En ti
Se llena la copa de nieve
con besos
que rebosan besos,
blancas huellas del amor,
donde me pierdo
y me encuentras.
Respirar
de azules limpios
y etapas,
confirmando
la brillante forma de un milagro:
Tú.

REDES

A veces encuentro redes
que, como tú, amarradas
en el laberinto de un primer nudo
difíciles por dentro, dicen
          «desátame»,
quedándose atrapadas
a merced de la humedad
en ese color perfecto y desgastado,
          mirando
              el cruzar de las barcas
              recién pintadas a la mar.

Las observo
escoltando la estela de luces
apagándose en el puerto,
Y es al verlas pasar sin prisa
cuando comprendo
cómo será el centro de nuestras redes
          deshaciéndose
              en los vientos de hilo
              que nos harán volver a navegar.

AQUÍ

Aquí es la Elena que se asoma,
mi padre en mi apellido,
el patio y los columpios,
veranos y turrón.
Aquí son los hilos de la luna
abrazos de mis brazos,
tu foto en la nevera,
silencio en mi salón.
Aquí son los besos de mi madre,
la risa de mi hermana,
el Cristo que yo rezo,
clausura sin barrotes, soltando el corazón.
Aquí es el bosque de tus ojos,
romero en tu mirada,
madera, seda y lumbre
dorada por el sol.
Aquí es aquella nana vasca
Haurtxoa sehaskan mia,
idioma traduciendo aquello
que fui yo.
Tan solo fue pasado,
presente en lo que dije.
¡Y sí! Firmar ahora
aquí, por siempre, yo.

VERANO

Te amé,
porque el verano fue como las rosas,
como la fuerza del viento
y el sabor a mandarinas
como las olas, las nubes,
como las golondrinas,
como el geranio
que revienta en el aire
y en el perfume blanco
        de toda mi Andalucía.

MAPA

Mapa es la carta que nunca me escribiste
el uniforme de palabras que yo por ti vestí
las luces desde arriba sorteando amaneceres
la música que guía
al ciego corazón.
Mapa es el suelo sin pies
de la belleza
el mundo de colores que pude contemplar,
el río donde fueron a parar todas las huellas
hundidas en desiertos aún sin explorar.
Mapa fue piel de un día, en aquel día...
el móvil con las fotos
que ya no tienen voz,
una mesa divina con velas encendidas,
el vaho sorteando los ríos del adiós.
Mapa son las calas y mis riscos
los años que escaparon y no podrán volver,
las caricias de un sueño no siempre compartido,
miradas de una niña
mirando ser mujer.
Mapa es el subsuelo del ahora
el genio del invierno helando mi atención,
los versos que yo escribo para tapar el humo
y que me lleve el viaje al cielo
del amor.

EL SUR

El sur es un camino
de vuelta en mis recuerdos
una boca sedienta
bebiéndose la cal
Es un vientre preñado
de ardientes rayos mudos,
que gritan los vencejos
y se los traga el mar.

El sur es un galope
de rojos en la sierra
una mancha de nieve
descalza junto al sol,
un puñado de olivos
cantando los poemas
aroma de sartenes
hundidas en mi voz.

El sur es un fandango
que adorna cada plaza
la saeta llorando
el paso de una cruz
una orilla empapada
con sangre marinera
orgullo de amarillos
bañados en azul.

El sur es un paisaje
rebelde de aguafuertes,
un clavel y una reja
besándose en la luz
mi niñez en cubitos
evocando la infancia,
que sabe lo que siento
si lo recuerdas tú.

HUMO

Si el perfil de mi ser
dibujara ilusiones
y en los bucles del rojo
se enmarcara el color
se vería a lo lejos
a pesar de la niebla
lo que queda en el fuego
si se apaga el amor.
Si latiera candente
la pasión en mi vida
jaque mate al recuerdo
que recuerda ser yo,
las palabras son nada
si no pueden gritarse
el destino se cumple
cuando baja el telón.

Batallar por la suerte
de intentar un regreso
conquistar sin seguro
un comienzo de dos,
La balanza ha volcado
la ventaja en mi empeño,
el teatro está lleno
arriesgue en la función.

Es de humo el olvido
escalera que trepa,
es de humo el orgullo
del oscuro rincón,
la fumata cobarde
el engaño una sombra
la verdad una espada
si asesina al amor.

ESE MAR

Ese mar
que conjuga los verbos
contigo y conmigo
a la par.
Ese mar
escondiendo
en lo hondo
su sueño y soñar.
Ese mar
que no pudo
saltar en la espuma,
ser ola y nadar.
Ese mar
tan mojado
suspirando ser beso
y tus labios besar.
Ese mar...

BOLERO

Quisiera ser aldaba
para llamar a la puerta
de tus secretos,
un camino en el bosque
para filtrar tu voz,
un vestido de nada
para viajar contigo,
un suspiro de luna
en la puesta de sol.
Una risa de niños
para que las estrellas fugaces
te acompañen
Una noche en verano
y poder respirarte
en la brisa del mar,
ser un beso en tus labios
con sabor a la fruta del mundo
un montón de dulzura
un millón de pasión.
Un ramito de acanto
que te adorne
si vas a una fiesta,
una boda con tarta
donde alguien
te preste el arroz,
Un tesoro escondido
en la nube de aquel arcoíris,
un bolero que solo sepamos bailarlo
tú y yo.

MIRA

Mira muy alto, niña,
arriba, enfrente.
Mira por encima de tu propio yo
y sin volverte,
inventa un largo camino
Coge tu estrella...¡Y suerte!

MI ÁNFORA DE BOLONIA

En tu silueta redonda,
vestida de algas
me escondo.
Te miro y me responde
el eco de un quejido,
un naufragio
quizás
no sé si tuyo o mío.

Ya no existe la sirena
que fui,
ni siquiera aparece
aquel Neptuno
amable y soñador
que jamás logró raptarme.

Las historias de ese ayer
surrealista
de vino dulce y aceites,
se las tragaron las anémonas
mientras las nadábamos
los dos.

Y ya hoy, en esta noche
de piel rugosa y brillante
en el silencio de Bolonia,
permanezco
para contigo recordar
junto al fondo épico de este
mar Atlante,
lo que también nos perteneció.

CULPA

Culpa es todo un ayer, en nosotros
El ruido de la vida que no nos deja en paz
Nos libera durmiendo y se olvida
Y nos deja sin causa
Si queremos culpar

Siempre es nuestra la culpa
A pesar de los otros,
El fantasma pisado no nos puede asustar
Aprendamos deprisa a mirarlo de frente
El espejo del alma no nos puede engañar

Los tropiezos diarios que encontré en el camino
El sentir que la piedra rebotó en alta mar
Los errores metidos en un casco flotante
Que mande a hacer puñetas
No recuerdo que más

Es la culpa en el todo donde está la respuesta
Las excusas que puse no sirvieron jamás
Las mañanas son claras a pesar de la niebla
Mi consciencia es la clave
        ¿Me podréis perdonar?

UN SÍ

Un sí
solo mío
que vale y pesa,
es el sí
que sé vender
en la sonrisa de otros
para que ya no estés...

DUNAS

Puede que las dunas
se adueñen
de todas las lunas
de esta noche.
Que sus miradas
en las pitas floreadas
naveguen las nubes más rosas
y como el azúcar, derritan
en mi garganta
la huella de ti.
Así, a lo lejos,
el viento más alto
volcará un llanto corto
en un manto de lluvia,
un quejido dulce y borracho
mío y tuyo a la par.
Puede que las mareas
arrastren todos los soles de la mañana
y el amarillo de las arenas
sea a tu paso un brillo ebrio salpicando luz.

PORTALES

La luz es como un soplo, testigo del entorno
portales enfrentados al hecho de existir
con pasos y latidos sellamos nuestros mundos
nenúfares creciendo, destinos a seguir.
Poesía en las gargantas que nunca descansaron
borrones en lo oscuro y sombras tras de mí
estelas en el aire marcaron mis heridas
triunfos con errores y sueños por cumplir.
Por eso no fue fácil llenar aquellos huecos
parar las estaciones, volver a comenzar
el sol y sus reflejos me hicieron ser más fuerte
brillar aún más por dentro, amar y caminar.

DESCUBRIMIENTO

Descúbrete en la risa y en tus miedos
aprende de las olas,
amate en silencio.
Conócete para volcarte
en la rápida y suave
cresta del destino.

EL PACTO

El pacto de la vida está pactado
sellados con recuerdos los momentos
las páginas escritas no se borran
fronteras encarándose a los miedos.
Hacer que sea fácil, dudar sobre las dudas
volar en la corriente del destino
llevar la casa a cuestas ya sin peso,
dejar la puerta abierta del camino.

Quisiste ser verano sostenido
vivir las estaciones con sosiego
plasmar con tinta china la experiencia
y ser protagonista de ese tiempo.

Latir y amar, vencer sin apariencias,
ponerse por montera el mundo entero,
saber mirar de frente las neblinas
al darle vuelta de hoja a lo quimero.

No creo sin sufrir que haya triunfos
Los gritos son las luces del sendero
luchar por la conquista de uno mismo
abrirse al corazón del universo.

JARRA CELESTE

Acompáñame,
cómplice de pensamientos
y compañero del alma.
Lo que mereces de mis labios
queda, flota
y se eleva en tu boca sin palabras.
Con nosotros,
podrán las luces de luciérnagas
alumbrar distinto.
Así, el ruido negro que mancha
enturbia y no cesa
desaparecerá.
Busco ese momento
único, lejano
si sé… que cierto.
Un manto mágico
de malla fuerte y poderosa
protectora siempre,
conjugando perfectos
la brisa y el sonido
en duermevela,
descansando en la jarra
que derrama el celeste
haciendo un milagro conjunto.
Renacer.
Poder ser
        otra vez.

RAPTO

Sigo aquí,
contestando a una pregunta
que me hiciste o me hago,
No me acuerdo
Reconozco que, esta noche,
te he raptado
y he soñado
que jugábamos despiertos.
Una gota estallando en un estanque,
las caricias resbalando por tus dedos,
mil palabras enredadas en mis manos
y tu boca destapando los secretos.
Fue una noche con alma,
sin apuntes,
el olor a madera de tu cuerpo,
el sabor de la fruta más prohibida
que envenena al instante mis recuerdos.
Ser paloma en los besos que no dimos,
ser hoguera derritiendo los inviernos
navegar ya sin rumbo ni horizonte,
desnudarse
        y nacer en otro tiempo.

DIME DÓNDE

¿Dónde estás?
>dime,
en mí sigues
no te vas.

Quizás por esa
última caricia
al capricho de una noche
irrepetible.
>Tan solo
>un poco de nosotros
>jugando
>a ser nosotros,
>en los vaivenes
>de un amanecer

que llama hoy, latiendo
al recordar
lo que nunca hubiera
podido sentir
>sin conocerte.

MOCHILAS

La vida se desliza luminosa
un nido de ternuras en mi pecho
volcanes enraizados en el alma
pasión de corazones al deshielo.
Caricias en la orilla
equivocada
mochilas sin el peso
del recuerdo,
colores desvistiéndose en mi historia
caminos recorridos
desde el centro.
Hoy sé del nuevo tiempo que me espera
dar luz y que me indiquen el sendero
flotar en el columpio de esta vida,
cerrar el ciclo, cambiar de nuevo el verso.

NIÑEZ

Solo puede la luz en remolinos
salpicar de recuerdos nuestra infancia,
remover la niñez con aparejos
en el sueño infantil de la nostalgia.
Madrugadas y rollitos de aguardiente.
un pollito en la cama; picoteando
en el aljibe, un cabrito y la raspa
una fiera, ese mono cabreado.
Mamá Ángeles trajinando en la cocina
caramelos escondidos a puñados,
tío Pepe con Joaquina y los abuelos
chimeneas, morcillicas y rosarios.
Algún tren resoplando en los raíles
los recuerdo, ¡se movían tan despacio!
yo iba haciendo equilibrios detrás de ellos
y una casa me miraba de soslayo.
Fueron días de aventuras y paellas
las ortigas, las acequias, los naranjos
fueron ratos bajo el cielo de Callosa,
serpentinas del ayer que hoy os regalo.

SILENCIO

Quisiera nada más
que absoluto silencio,
para escuchar el tañir
de las campanas
que hoy despiden el llanto
que no lloro.
    Rezar
    en mi templo de recuerdos
    una plegaria de versos
    enredados a tu pecho.
    Encender
    las velas blancas del sentimiento
    e iluminar con antorchas
    las tenues ráfagas
    de mis «te quiero».

ESTRELLA DE LOS MARES

Ave María, brisa del mar
Reina del cielo y de la paz.

Estrella de los mares
orgullo de mi bandera
sol amarillo que adorna el rojo
cuando navegas.

Ave María, brisa del mar
Reina del cielo y de la paz.

Salve, señora de toda España
bajo tu manto duermen los pueblos
y las marismas de nuestra tierra
te bendecimos por ser guardiana
y capitana de las mareas.

Salve Regina, del agua dueña,
flor de las barcas y de las velas
madre marina de marineros
luz del Carmelo en las candelas.

Ave María, brisa del mar
Reina del cielo y de la paz.

PERDÓN

Dime, Señor,
si cuando deba regresar
estarás ahí.
Yo, que sin saber escribo
con mi alma frágil
apoyada en la piedra,
que sujeta y calienta mi fe.
Delirio en esta tarde
que quiere vivir
y como yo entregarse
al descansar en ti.
Dime Señor,
si acaso me perdiera,
si esta mano que suplica
y te busca la reconocerás.
Mi ser entonces,
sediento de razón,
hallara un destello
para pedir tu abrazo
y tu perdón.

ENTREGA

Mi hija duerme.
Mi casa, mis flores sueñan.
Tengo un tesoro que Tú me has dado
para guardar, para cuidar.

Por ti lo tengo todo, me tengo a mí.
Por ti daría todo y, sin embargo,
solo para entregártelo a ti.
¿Quién mejor cuidaría lo mío
si no fueras Tú?

Solamente cuando a Ti, Dios, te parezca
te dejaré en Tu regazo a mi hija,
bajo tu guarda mi casa
pensaré que llegó ya mi hora,
que no dejo nada, porque ya me llamas
y cuando quieras, iré.

A LA VIRGEN DEL ROCÍO

Virgen bendita del Cielo
Madre del mundo, Señora
se alfombra todo a tu paso
y se llena de amapolas.
Florecen hasta los pinos
la noche se vuelve aurora
Tu manto de jara blanco
se ribetea de alondras.
Te escoltan con las carretas
mil banderas españolas
bailando por sevillanas
mil mariposas se asoman.
Los zarzales, farolillos,
toda la dehesa te implora,
tráenos la paz, tierna niña
¡Viva la Blanca Paloma!
Se arrodillan las estrellas
Pentecostés te corona
nuestra Fe se hace Rocío
vuelca tu luz en las sombras.
No nos dejes, Madre nuestra
en las tinieblas que ahogan
que el camino nos transforme
y nos lleve hasta tu Gloria.